KB269095

딱따구리는 어디에 숨어 있는가

딱따구리는 어디에 숨어 있는가

최동호 시집

민음의 시 72

민음사

自序

어디에도 중심은 없다.
어떻게 할 것인가.

시집을 엮는 마음은
여름날 자욱한 빗방울 소리를 홀로 듣는 것 같다.

시의 엄정함을 깨우쳐 주신 유종호 선생님, 애정
을 가지고 질책을 아끼지 않은 분들, 시적 계기
를 전해 주신 분들에게 감사한다. 그 분들에게
가깝게 읽히기를 소망한다.

1995년 8월
최동호

차례

차례

3 캄캄한 대낮 등불을 들고

차례

1

달마는 왜 동쪽으로 왔는가

새벽 빛
달마는 왜 동쪽으로 왔는가 1

붉은 살덩어리
어린애가 막 울고 있는데
달마는 왜 동쪽으로 오는가

구름은 산 아래를 굽어보고
빗방울 길을 따라 바다로 흘러간다
오고 갈 것이 본래 없는데

어린애는 왜 목이 붓도록 울고
눈썹 짙은 달마는
왜 먼길을 찾아왔는가

잔잔한 강물이
마음 그림자를 비춰주니
하늘에서 떨어진 둥근 달덩이
물 속으로 들어가 소리가 없다.

저잣거리를 헤매이던 사람들
하늘에서 달덩이 찾으려 하나,

창창한 별들만 어둠 깊이 박히고,
그림자 없는 길을 걸어간다

너 가는 곳이 어디냐
뜰 앞의 잣나무!
제자리를 지키리라.

달빛을 쓸어내니
캄캄한 어둠을 머금었던 하늘이
새벽 빛을 푸른 산에 내뱉는다.

어린 솔나무에게

달마는 왜 동쪽으로 왔는가 2

습기 찬 바람이 불어온다.
산을 오르는 그대의 뺨에 닿는
바람이 훈훈함을 머금고 있다.
그러나, 발걸음을 가볍게 움직이지 마라.
치솟은 바위 끝에서
솔나무 가지들이 어린 손을 뻗어 바람을 잡으려
한다.
대지의 입김을 따라
바위 틈 사이에 솔씨 하나 날아와
여린 뿌리를 내렸었다.
누구의 눈에도 쉽게 띄지 않는
작은 솔나무가 혼신의 힘으로 스스로를 흔들리
게 하고
빠져나가는 바람을 잡으려 한다.
뿌리를 뻗으려 단단한
벼랑 끝으로 내민 가지들로
작은 가슴이 불안하다.
그러나, 말 없는 바윗덩이를
탓하지 마라,

거부한다는 것은 얼마나 아름다운가.
떨고 있는 솔나무여, 언젠가
단단한 바위도 부서져나가고
바람과 더불어 운명을 함께 할 것이다.
간간이 햇살 비치는 날 이슬 머금은 이끼와 더
불어
빗방울 끌어모아 티끌 속에 여린 뿌리를 내리라.
태풍이 몰아치면
첩첩한 산 그림자는 병풍을 드리운다.
훈훈한 바람을 타고 온 솔씨여,
슬퍼하지 마라. 밤마다
어둠 저쪽에서 깜박이는 등불 하나
그대를 지켜주고, 그도 어찌할 수 없을 때 홀로
땀 흘리며 산에 오르는 이가 너를 돌본다.
안주할 수 없던 삶이 그 스스로를
이겨내며 신산한 흔들림이
불씨를 밝힐 것이니, 작은 씨앗 속에
숨막히는 바람이 불어온다.
가슴을 열어라. 저 깊은 계곡이

새롭게 피어나는 꽃과 더불어
바람을 맞이하듯 그 작은 가지들을
내뻗고 연약한 뿌리들을
바위 속 깊이 감추라.
풍요로운 대지에서 한가롭게 숨쉬는 자들은
스스로를 깊게 뿌리내릴 수 없는 연약함으로 스
스로를
지탱할 수 없는 날이 찾아올 것이다.
너를 날려보낸 대지의 입김은 차라리
얼마나 지혜로웠던가.
바람에 흔들리는 작은 솔나무여
습기 찬 바람에 산봉우리가 뽀얗다.
보얀 얼굴의 뺨은 붉다.
새로운 생명이 움트고, 그대의 운명이
굳건해진다. 흔들리지 말고
가슴을 열어 팔을 내뻗으라.
혹독한 겨울의 눈이 그대를 따스하게 했거니
침묵하며 얼어터진 계곡이 비정할지라도
연약한 힘이여 마지막을 견인하라.

희게 빛나는 산봉우리들의
눈이 녹아내린다.
계곡을 타고 흐르는
물들이 나지막한 웅얼거림을 시작한다.
들판에선 아지랑이가 일어난다.
누가 참으로 진실을 말했던가.
던져지고 부서지면서 저 근원에의
뿌리를 굳게 가지라.
등 뒤에서 운명을 굳세게 할 바람이 불어온다.

세속의 길
달마는 왜 동쪽으로 왔는가 3

산길 멈춘 바위 아래 깊은 뜻 머물러
이름없는 암자 하나 점지하니

맑은 샘물이 구름 띄워 보내고
뜰 앞의 잣나무 사시사철

푸르게 솟아오르고 있건마는
흙벽담이 무너지고

서까래가 팅겨나가도
열리지 않는 마음의 벽이여

벗겨진 천장으로 흰 구름 때로
빗방울 떨어뜨려도

어둠에 잠긴 눈은
하늘 빛을 알아내지 못하는구나

보라 해도 보지 못하고

들으라 해도 듣지 못하여

동쪽으로만 가는 자는
서쪽 길을 잃으리니

세속을 버린다고, 정녕
그대는 가야 할 길도 잊었구나

산길 멈춘 바위 아래
허물어진 암자 하나 말없이 흉장 같다.

늦여름 지장산을 바라보며

달마는 왜 동쪽으로 왔는가 4

지난 저녁 무렵 흐린 하늘 아래
저수지 둑 위에서부터 시작한 주종 불문의 술 때문인지
다른 사람들보다 무거운 눈을 일찍 떴다.
예상과는 달리 머리는 맑고 하늘은 청명하였다.
늦여름의 따가운 여름 햇살이
이슬 방울을 호박잎에서 굴러 떨어뜨리고 있었고
중리에서 관인과 연천을 잇는
도로를 새벽 바람을 맞으며 혼자 걸어보았다.

지난밤의 개구리 소리가
다 어디에 숨어버렸는지 돌아보니
우리가 걸음을 멈추고
이곳에 잠들었던 탓으로
개울물은 잔잔하게 어둠을 풀어내고
길거리에 박힌 돌멩이들도 적적한 이슬을 머금어
길에서 길로 이어지는 삶의 기나긴
도정이 펼쳐져 보였다.

외지인을 경계하는 개 짖는 소리는 얼마나
지난밤 어둠의 구렁을 파놓았던가.
그러나, 밝아오는 지금
나는 지금 어디로 갈 것인가.
가을 씨앗을 갈무리한 밭에서
모락모락 아침 기운이 피어오르자,
개울 가에서 나무들을 감싸던 안개는
산 아래를 뒤덮고
천천히 산봉우리로 향하였다.

우뚝 솟은 지장산은
꽉 막힌 지형으로 뻗어나가지 못함을 달래듯이
맑고 푸른 저수지에
자신의 짙은 그림자를 드리우며
인근 마을의 농가들을 품에 안고
자욱한 안개를 하늘로 말아올려
아침의 푸르름을 짙게 드러내고 있었다.

천하를 다스리고자

이곳에 거하였던 애꾸눈 궁예가
국망봉에서 패전하였다는
옛사람들의 이야기 때문인지
푸르게 내려 뻗는 산줄기들의 꿈틀거림이
승천하지 못한 이무기가 살아서 움직이는 것 같
았다.

엉겅퀴 가시나무가 뒤엉킨 숲길을
두더지처럼 헤치며
정상에 오른 후, 우리가
흘러내리는 땀을 씻으며
대지에 패인 상처처럼
허옇게 드러난 흙길의 구불거림을
보았을 때, 내가 찾고자
했던 것은 과연 무엇이었을까.

때때로 산비탈에서 보았던 노란 산나리꽃 하나
마음속에 간직하고 싶었던 걸까,
군락을 이룬 상수리나무들 그리고

산을 뒤덮은 아카시아나 또는
줄 맞추어 자라는 낙엽송을 바라보며
힘을 다 쓰지 못한 혈맥으로 지금도 가끔
사람들을 저수지 물 속으로 끌어당긴다는 산줄
기가

밤마다 인근 마을에 내려보내는
이야기를 구름처럼 떠올리는 동안
아침 해는 이슬을 다 떨구고
아직도 풀리지 않은 옛이야기는
뜨겁게 달아오른 한적한 시골
버스 정류장에 휴지처럼 구겨져 있었다.
팻말 없는 공터에 휑한 바람 일더니
멈추지 않는 피서 차량들이
말 머리에 뱀의 꼬리처럼 흙먼지를 일으키며
먼 북쪽을 향해 달려갔다.

발음 연습

달마는 왜 동쪽으로 왔는가 5

아

등성이 아래로 낮게 깔리는 산울림

에

막다른 길에서 두리번거리는 눈동자

이

하얀 벌레들 꼼지락거리는 봄 햇빛

오

작은 날개로 나비가 험험한 산을 팔랑거린다.

우

목구멍으로 차오르는 슬픔

고속도로로 갈 수 없는 들판에 질주하는 고요

달마는 왜 동쪽으로 왔는가 6

검푸르게 웃자란 여름 풀들의 흔들림이
고요를 알려주었다.
석양의 노을을 배경으로
짙어지는 그림자를 먹어가고 있던
고요의 공간은
제 스스로 질주하는 그림자를 껴안으며
땅에서 솟아올라
허공을 찌르고 있는 무성한
나무들과 더불어
움직이려고 하는
바람을 한 점도
놓아주지 않고 붙잡고 있었다.

풀 끝에서 묻어나는 차가운 고요가
멈출 수 없는 브레이크를 파열시키며
칼 끝 위에 물방울 하나를 떨어뜨리는 동안
고속도로를 질주하던 바퀴들은
들판 너머 저쪽
하늘로 튀어올라

충돌하는 유성들이 일으키는 아름다운 불꽃을
쫓아가듯
머나먼 우주로 날아가고 있었다.
바퀴들이 지상으로 돌아와
바람을 가르며 달릴 때까지
우리는 어스름 저녁
붉은 노을을 바라보며 흙 묻은
물방울 하나가 발 밑에서 툭 떨어지는 것을 보
았을 뿐이다.

어린아이와 산을 오르다
달마는 왜 동쪽으로 왔는가 7

우리 집 어린 아이와 단둘이 일요일 오후 산에 올라갔다. 계곡에 쌓인 낙엽 속으로 종종거리는 발목을 빠뜨리며 우리는 가을산의 향기를 들이키며 더운 입김을 토했다.

산등성이에 올라 발을 뻗고, 바라보니 멀리 시가지가 보이고, 바윗돌을 껴안고 서 있는 가까운 등성이의 솔나무 줄기가 앙상해 보였다.

바윗돌은 스스로 가슴을 열어 나무 뿌리를 기르고, 흩어지려는 돌 부스러기마저 놓치지 않으려 실 같은 뿌리가 왕모래를 움켜쥐고 있었다. 부스러진 흙의 향기로움에는 오랜 시간 빗방울이 다져 놓은 정갈한 고요가 있었다.

발갛게 상기된 아이가 저녁 어스름으로 짙어가는 정적을 깨뜨리며 소리내어 산을 부르자, 계곡의 한구석에선 산과 함께 사는 산울림이 나무 숲 사이로 웅얼거리며 답하였다. 초저녁 별이 깜박 떠오를 무렵, 돌 부스러기마저 껴안고 마침내 흙이 되는 바위 속에 뿌리를 묻은 솔나무처럼 작은 아이의 손을 잡고 산을 내려왔다.

딱따구리는 어디에 숨어 있는가

달마는 왜 동쪽으로 왔는가 8

구정 연휴 첫날 일어나보니
눈이 내리고 있었다.
찾아갈 사람을 다 지운 길 위에
바퀴 자국을 남기고
교문을 들어와 닫힌 철제문을 열고
어두운 복도에 들어섰다.

책더미 속에 나무 구멍처럼
나의 자리를 차지하니
마치 고목나무 깊은 산 속에 들어가
겨우살이 하는 벌레와 같았다.
어디로부터도 오지 않은 발걸음 소리들,
하루종일 말소리를 전하지 않는

전화기 그리고 더불어
이야기할 사람도 없이
도시락을 비우고
천천히 찬 물을 마셨다.
창 밖에 쌓인 눈더미를 바라보며

멈출 줄 모르는 음악도 쉬게 하고

작은 글자들을 따라가
머나먼 산간 계곡의
싱그러운 바람 소리를 들었다.
돌 건물 한 모퉁이에서
모래알이 부스러지고
가끔 書冊에서 고개를 내민 글자들이

丁丁한 겨울 나무 속의
벌레처럼 꿈틀거릴 때
딱딱한 부리가 가슴을 쳤다.
햇살 푸르게 되살아나는
구정 연휴 첫날,
딱따구리는 어디에 숨어 있는가.
흰 눈 머리에 함께 쓴 白雲과 道峰이
서로를 비추며 빙긋이 마주보고 서 있었다.

여름 道峰에서

달마는 왜 동쪽으로 왔는가 9

왜 그러했는지 알 수는 없었지만
하늘에서 떨어진 빗방울들이
잘 닦아둔 바위산에 우뚝한
山頂의 이마는 정갈하게 빛났고,
하늘을 우러르던 나는
낮은 곳을 향해서 흘러가는
계곡물을 바라보았다.
비천한 자들이 지고한 것에
눈을 돌리기 훨씬 전부터
청청한 물은 쉬지 않고 흘러내렸으나
끝내 알아듣지 못하였으므로
여름 산의 물 소리는 내 가슴을 향해
차갑게 속삭이고 있었다.

푸른 숲을 바라보며 나는 왜 그가
미소짓는가를 물어보지 않았다.
흰 구름이 두어 송이 하늘꽃처럼 피어
무심하게 지상을 굽어보고
숲과 바위와 능선들이

둥글고 큰 하늘의 눈동자 열어
모든 것이 제 모양으로 비치는
명징한 세계 안에 내가 있었다.
한낮의 태양이 머물다 간 바위에 기대어
더 높은 곳을 향해 눈을 들었다.
그리고, 나는 소리쳐 보았다. 진정
지고한 영혼이여, 그대는 지금 어디에 있는가.

길고 긴 이 여름의 끝
겨드랑이를 타고 흐르던
굵은 땀방울은
달아오른 흙 위에 떨어지고
더 오를 수 없는 곳에 올라서도
정말 알 수 없는 의문에 사로잡힌 것처럼
여기는 어디인가고 둘러보았다.

서투른 자의 발걸음으로 도달할 수 없는
계곡 높은 곳에서 그는 미소지었고
나아가지 못하는 나의 얼굴은 저녁 노을에

붉게 물들어 있었다. 흰 바위처럼
그의 얼굴을 감싸던 정갈한 빛은
별을 맞이하는 山頂의 뾰족한 어둠 속으로 사라
지고
쌀랑한 한기가 등 뒤를 엄습해 왔다.

왜 그러했는지 알 수는 없었지만
우리들의 주위에 퍼져 있던 서늘한 빛은
끓어오르던 마음을 다독이듯
울퉁불퉁한 계곡의 돌멩이들을 끌어당겨
둥글고 아름답게 감싸고 있었다.
언제나 낮은 곳으로 흘러내리는 물길을 흘려 보
내고
겹겹한 어둠 위로 솟아오른 여름 道峰,
정정한 나무 그림자들과 함께
어둡고 차가운 길에서 山頂을 우러러보며
나는 지상의 길을 찾아 힘차게 살고 싶었다.

푸른 산에서 古書를 읽다
月下 김달진 선생 묘소에서

머리 흰 노인이
구릉진 山을 보료삼아 기대어 웃고 있었다.
돌아보니 온 산에서 송진 냄새 가득
송판을 썰고 있었다.

머리 흰 노인이 책상 위에
빛 바랜 古書를 펼치고 앉아 있었다.
원고지를 넘길 때마다
붉은 흙이 산 아래로 쏟아져 내렸다.

머리 흰 노인이
칠성판 위에 낡은 만년필을 놓아두고
비스듬히 물 소리를 들으며
흰 구름 바라보고 있었다.

붉은 흙을 퍼서
원고지에 가득 담았다.
평생 채워넣었던 원고지가 터지고
횟가루 섞인 붉은 흙이 이승의 구덩이에 쏟아

졌다.
　구릉진 산 저편에서
　누군가에게 마지막 말을 전해 주는
　새 한 마리가 흔들리는 산 그림자 따라
　나직이 울고 있었다.

　흘러가는 바람이
　한동안 머물다가
　푸른 산 붉은 흙 아래로 휘몰아가는
　물 소리를 따라가고 있었다.

　봉분한 흙을 뚫고 솟아나온 풀들이
　원고를 뚫고 나와
　아프게 눈을 찔렀다.
　머리 흰 노인은 먼 산 바라보며 웃고 있었다.

이른 봄 國望峰에서

산의 비밀을 말하는 것은 두렵다.
발걸음이 무거운 자는 산정에 이르지 못하고
입이 가벼운 자는 비밀을 알지 못한다.

산은 언제나 거기 있으므로
움직이는 것들을 끌어당기는 無言의 힘이
우리들의 발길을 이곳으로 이끌었다.
아직도 봄을 맞이하지 않았노라고
머리에 눈을 덮고
하늘 위의 구름과 맞닿아 있는 山頂을
멀리서 바라보며
이 산에 감도는 神靈한 기운이 지금도
시리게 살아 있음을 느꼈다.
봄을 거부하며 움직이지 않는 산에서 흘러내리는
解氷의 물이 그렇게 차가운 것인지 몰랐다.
낮은 곳에는 봄 가뭄이 들었는데도
계곡을 흘러내리는 풍성한 물 소리는
바람결을 뚫고 오는
한여름 물 소리 같았고, 수북한
낙엽들이 물에 젖어 오르는 길을 어렵게 했다.
어려움에 어찌 뜻이 없으랴.
검은 흙에 깊게 박혀
헛딛는 발을 여러 번 고쳐 잡으며

덩굴 나뭇가지들을 헤치고 겨우
정상을 향하는 능선에 올라섰을 때
京畿의 金剛이라는 奇岩怪石의
靈妙한 산봉우리들이 발 아래 굽이쳐
한순간에 힘겨움을 잊어버렸다.
가쁜 숨을 몰아쉬며 흘리던
땀방울들은 다 어디에 갔는가.
부드럽게 굽이치는 능선 길을 천천히 걸어가니
山頂에는 아직 눈발이 여기저기 남아 있었고
그늘진 바위 틈 사이에는
흙과 뒤범벅이 된 눈이 한 움큼씩 고인
山頂에는 남쪽에서 불어오는 훈훈한 바람이
북쪽으로 넘어가며 차갑게 몰아쳤다.
한 모금의 물과 몇 덩이 밥 그리고
맑은 소주 한 잔을 마시는 약간의 머무름이
우리를 이곳에 오르게 하였다고 서로가
말없는 웃음을 주고받으며 굽어가는 해를 따라
돌아가는 길을 찾아나섰다.
양지바른 쪽의 질퍽한 검은 흙들이

비탈길을 미끄럽게 만들어
마른 땅을 밟은 것은
손에 땀이 솟는 급경사를 지나
두어 차례 휴식을 한 다음이었으니
봄이 저 밑에서부터 더디게 올라온다는 것을
깨달은 것은 이번이 처음이었다.
계곡과 계곡 가운데를 가로지른
진달래 망울진 길을 따라서 걸어 내려오다
淸淨한 잣나무 숲길에 들어서니
지나가는 바람 소리에 묻어오는
물 소리의 속삭임을 가깝게 들을 수 있었다.
앞을 가로막는 산세로 보아
잘못 들어선 것이 아닌가 둘러보았지만
능선은 굽어 있어서 막혀 있는 곳 어디선가
물길 돌아나가는 곳을 따라 나서면
지상으로 돌아갈 수 있으리라 짐작되었다.
두리번거리며 내려오는 우리들을 향해
누군가 밑에서 소리쳐 물었다.
그 위에 길이 있는가 하고.

왜 그러느냐고
바람을 타고 흐르는 메아리처럼 되물었다.
그는 길을 잃어 길을 찾는다고 말했다.
길 없는 길을 찾을 수 있겠느냐고
갈 길을 재촉하여 휘어지는 길목에 들어서니
평평하게 흘러가는 계곡물을 따라
걸을 수 있었다. 잣나무 향기가 가득 찬 숲을
지나고
푸른 잣나무의 뿌리를 살찌우는 맑은 물이
우리와 함께 걸었다. 사람들의 발길이 드물어
구름과 짝하며 바위와 이야기하고 지나가던
차가운 물을 한 모금씩 들이키며
우리들은 마치 고향에 돌아온 듯한 편안함을 느
꼈다.
살랑이는 바람을 들이쉬며, 냇가의 버들개지를
보던 우리는 작은 저수지 둑 위로 올라섰다.
깊게 가라앉은 영혼의 눈동자처럼
잔잔한 물 속에는 우리가 산에서 보았던
하늘과 구름이 그리고 계곡과 나무가 따라와

저 높은 산봉우리와 함께 사는
신령한 기운이 이 물을
맑고 푸르게 하는 것을 비춰볼 수 있었다.
목구멍을 타고 흘러들던 解渴의 물이
땀방울로 배어난 다음
하늘과 땅에 가득한 산 기운이 지친 몸과 마음을
쇄락한 정신으로 가득 채워,
다시 山頂을 우러러보니
옛날 이 國望峰에 오른 선인들께서
흰 도포 자락을 휘날리며
하늘 높은 곳을 향해 제를 지내던 연기가
가슴 속에서 피어 올라
우리가 발 딛지 못한 山頂의 어느 곳에선가는
아직도 그 분들이 긴 수염 가다듬으며
깊고 푸른 눈으로 지상에서
구물거리며 살아가는
우리들을 등 뒤에서 굽어보고 있었다.

새벽 산맥

동 트려는 어스름 새벽
불 켜진 집들이 스스로의 적막감을 낮춘다
어둠 속에서 사라져가는 빛을 찾아내고
다가오는 새벽 빛은
가슴 조이며 기다리던 슬픔같이 차갑다.

짙은 어둠은 아직 다
물러가지 않았는데, 움직일 때마다
출렁거리는 찬 바람이
움츠린 들판 멀리 퍼져나가
어두운 대지를 꿈틀거리며 隆起시킨다.

새벽 닭 소리가 마지막 어둠을 가르자
산봉우리들은 비로소
깊이 잠겨 있던 어둠에서 깨어나고,
끝없이 어둠을 삼키던 계곡들은
설레이던 사람들의 가슴에
이슬 맺힌 아침 들판을 열어준다.

끝모르게 펼쳐진 벌판에서
푸르스름한 빛으로 낮게 가라앉은
어둠이 깊이 품고 있던 하나 하나의 불씨들을
한데 모아
떠오르는 태양의 빛을 뿌리면서
골골이 되돌아 나오는 새로운 소리가
안개 걷힌 산맥에 금빛 선율을 울린다.

누구도 범접 못할 이 선연한 아침에
하나의 소리가 퍼져나가면
여기저기 미처 눈뜨지 못하고 있던
작은 함성들이 햇빛을 머금어
꿈틀거리며 함께 일어나
힘찬 대지에서 탄생하는 생명을 노래한다.

움직이는 세월의 산

예인선의 쇠밧줄에서
검붉은 물방울들이 주루룩 흘러내렸다.
스스로의 전진로에서
어떤 벗어남도 허락하지 않는
절대의 힘을 알리듯
바닷물 속에 곧게 내뻗은 쇠밧줄에서
검은 뻘들이 투덕투덕 떨어져 내렸다.

山頂을 적시던 물방울들이
침엽수림의 나무 뿌리를 적시고 계곡의 돌들을
굴리면서
대지의 굽이침과 함께 흘러와
하나로 모아드는 榮山江 하구에서
느리고 조용한 물살을 굽어보았다.
바다를 향해 달려와 당당히 버티고 선
산 그림자를 앞으로 끌고 나아가는
작은 예인선의 낡은 쇠밧줄이
고무줄을 늘이듯 뒤틀며 흙탕물을

휘저어 눈앞에 물살을 일으켰다.
요지부동의 산 하나가
강물을 말없이 바라보았던 소년의 마음속으로
삼십여 년 전의 세월을 거슬러오르며
끌려가고 있었다.
결코 움직이지 않으리라던 산이
앞으로 갈 수 없는 퇴적물들을 뻘흙 속에 떨어
뜨리며
예인선의 쇠밧줄에 묶여 바다로 나아가고 있었다.

홀로 일어서리라 다짐하던 지난 세월도
느리게 흘러오던 강물처럼
망망한 바다로 굽이쳐 나가는 하구에서
뒤바뀌는 물살에 소용돌이치다 뻘물 속으로
맑은 물방울을 뚝뚝 떨어뜨리고 있었다.

밤길

고요한 물이 더 깊이 얼려고
스스로 소름끼쳐 잔물결을 일으킨다.

지척을 가릴 수 없는 우주 저편의
망망한 대기 속에서

불타는 별들이 어둠을 꿰뚫는다.
신생하는 빛을 찾아서

몇 무리의 사람들이 정적에 사로잡혀
떨어지지 않는 발길로 어둠 속을 걸어간다.

무더기로 우박처럼 쏟아지던
커다란 별빛 다 집어삼킨 쩡쩡한 대기에

먼길 가는 말방울 소리만
차가운 눈 위에 발자욱 또렷하게 반짝거린다.

2
눈 뜨는 봄날

봄바람

어디로부터 오는 이

無量한 부드러움의 손바닥인가

물오른 나뭇가지에서

피어나려는 나뭇잎들이

물 먹어 반짝이는 훈훈한 바람에

작은 가슴을 벌리고 있다.

좀벌레와 함께 오솔길을

밝은 봄날 햇빛 속의 오솔길을 걸어가면
어린아이 손톱같이 작은
연록의 이파리들이 나에게 속삭인다.
어둠으로부터 빠져나오려는
작은 울림들은 나이테를 따라
안에서 밖으로 열고 나오는
새들의 목소리를 들려준다.

귀기울여 들어보면 밖에서
안으로 숨어들었던 햇살들의 작은 반향들이
겨울 나무 두꺼운 껍질을 뚫고 나와
물기 반짝이는
햇살과 조용조용 이야기한다.
귀를 간질이는 쟁쟁한 소리들, 바람을 일으키는
물결처럼 하나의 둥근 세계를 만든다.

팔랑거리며 밖에서 안으로
넘나드는 작은 소리들의 숨결이
나의 가슴을 신선한 바람으로 가득 채우고

두근거리는 마음을 열어 발걸음을
앞으로 나아가게 한다.

어둠만을 파먹던 좀벌레와 함께
밝은 봄날 새록새록 돋아난
여린 이파리들이 반갑다고
손 흔드는 숲속 오솔길을 걸어가면,
작은 이파리들은 온 세상 가득 반짝이고
바람을 간질이며 눈부심을 바라보는
실눈 같은 後光들이
부챗살 펼치는 눈물겨운 푸르름으로 살아난다.

비에 젖는 나무들

굵은 빗방울 드문드문 떨어지는 날
방안에 웅크리고 앉아서
마당 앞의 나무를 본다.
풀썩거리는 이 비릿함은 오래전
어머니의 젖가슴에 배어 있었는데
지금은 어디로부터 오는 것일까.

마당 위에 떨어지며
작은 나뭇잎을 씻어주는
맑은 물방울들은
깨어나는 것보다는 아직
눈뜨지 못하는 얇은 껍질을 두드린다.

그대로 젖고 있는 나무 줄기에서
물방울이 떨어질 때마다 몸을 뒤척이는
모래알이 튀고, 여기저기 물이 고인다.
지나온 시간들은
엷은 어둠 저편에서 그림자처럼
일렁이는데, 이 작은 어둠 속에 갇혀 있는

나는 누구인가.

흘러간 시간의 징표처럼 있는 저 나무들은
누가 심었던가. 그는 지금 어디에서
이 마당의 엷은 어둠을 느끼고 있을까.
떠나간 자는 돌아올 수 없으므로
나무 줄기를 둘러싼 하나의 눈금이
얼마나 많은 초록의 나뭇잎을 떨구게 했던가.

두꺼운 삶의 껍질을 벗을수록
새싹을 눈뜨게 하는 작은 빗방울은 가까이 다가와
혼자서 그 스스로의 힘으로 서 있는
마당 앞의 목마른 나무들을 감싼다.
나무 이파리들의 눈뜸은 얼마나 부드러운
떨림으로 푸르러지는 것인가.

굵은 빗방울 후득후득 떨어지는 날
깊어지는 저녁 방안에 웅크리고 앉아서
한 점 어둠에 구멍 뚫어

어머니의 비릿한 숨소리 다 받아들이고
스스로의 힘을 키워카는
자궁 속의 어린아이처럼
누구도 그리워하지 않으며
이파리 솟아나는 마당 앞의 나무를 본다.

휘파람

도톰하게 검붉은 젖꼭지
흰 젖
한 방울.

둔중한 산 그림자 욱신거리는
요요한 봄날
가벼운 휘파람 소리 따라

누군가 봄 거울을 쳐들어
눈부신 원을 그린다
빙빙 산 그림자를 흔든다.

녹차를 마시며

이파리 위를 살랑거리던 바람과
먹구름 뒤의 천둥 소리와
산자락을 스쳐간 빗방울이
혀끝에 쌉쌀하다.

귀기울이면, 길을 찾아
흘러내리던 계곡물 소리도
자갈돌 밑에 깔린다.
지워지지 않는 그림자는

따가운 햇살 아래 허리 굽히며
작은 이파리를 따내던
이름 모를 산사람의
투박하고 고단한 손이다.

흰 수건으로 얼굴 가린 산사람의
주름 깊은 이마의
무거운 땀방울 같은
한 모금의 쌉쌀한 물을 마신다.

여름 寒山詩

때때로
하늘 편지 구름에게 받아보고
언제나 적적한
마당을 쓴다

드문드문 빗방울에
지워지다 흐리게 남아 있는
산새들의 야윈 발자국

올올한
바위 틈에 찾아올 길 없는
집 한 채 지어놓고

때때로
이끼 낀 물소리 베개하고
바람소리 적적한
귀를 씻는다.

가을 책장을 펼치면

헐거운 여름 옷 떨쳐버리고
땀에 전 책장과 더불어
둥둥 허공을 떠다닌다.

굽이치던 강물 구름처럼 흘러간
조약돌 위를 맑은 바람이
모래알 뒤척이며 스쳐간다.

정갈한 풀 냄새 들길에 습습하고
단풍잎 색색으로 물들어 바라보면
눈 더욱 맑아진다.

세숫대야에 쟁쟁한 가을 물
책장을 펼치면, 씨알에
담긴 글자가 여문 이삭처럼 으깨지고

조금만 잘못 힘을 주어도
안에서 성숙한 기쁨들은
껍질만 남기고 다 사라져버린다.

마당 쓸기

새벽 마당을 쓸면
어둠이 밀려가고 아침이 온다.

저녁 마당을 쓸면
황혼이 밀려가고 어둠이 다가온다.

새벽부터 저녁까지
마당을 쓸어도

어둠은 밀려갔다 되돌아온다.
썰물이 가면 밀물이 온다.

언제나, 살아 있는 마당을 본다.
세상의 어둠을 쓸어내며

마당을 본다. 어둠 깔린
가슴의 멍을 쓸어내리며

새벽 마당 가를 걷는다
어둠이 가고 아침이 온다.

某月某日

어둠의 문을 밀치고
안으로 들어갔다. 안으로

들어갈수록 부드럽게
밖이 되었다.

밖으로 나가니
또 안으로 들어가고 있었다.

안으로 들어가면 밖이고,
밖으로 나가면 다시 안이었다.

가득 찬 것들이
비워지고, 따스한 바람 살랑이는

빈 계곡 넓은 곳이
꽃밭이었다. 아름다운 색깔 속으로

걸어 들어갔다. 꽃 사이를 날아다니는

나비들이 날개를 팔랑인다

투명한 대기가 어른거렸다. 입술에 묻은
향기를 밀치고 작은 어둠이 천천히

가슴을 채웠다. 서늘하고
빈 계곡이었다. 멀리 있는

꽃들의 숨소리만 떨렸다. 그 어느 곳에도
나는 없었다.

부드럽게 입술 맞추며
어둠의 문을 밀치고 들어가면,

만발한 꽃잎들이 하나하나
하늘거리며 지워지는 작은 공터가 있었다.

등불과 꽃
아내에게

모래알 하나도 외로움 깊으면
등불이 된다.

눈물 방울 하나도 그리움 다하면
꽃이 된다.

모래알 머금은 눈물샘
산 위에서 세상으로 흘러내리고

등불과 꽃을 피우는 마음 아픈
인간이 산다.

나무 껍질을 만지는 부드러운 손

오래전부터 자신을 지켜온 손
부정한 것을 만지지 못하는
부드럽고 섬세한 손,
나무 그늘 속에서야 어둠을 밀친다.
푸르게 서 있는
마음의 두꺼운 껍질을
안에서 어루만지며
나무 이파리를 키우는 조용한 손.

쉽게 상처받는 약한 가슴을
말없이 감싸주던
길고 서늘한 손
만져보기에는 너무나
먼 그 손, 그러나
두근거리는 마음으로
떨리는 가슴엔 가까이
다가서지 못하고 스스로 멈추는 손.

작은 공처럼 팅기는 공허를

아무도 모르는 기쁨처럼 간직하며
흘러넘치지 않도록 다독이는
언제나 부드러운 손
덩어리진 마음의 멍울들을
온유하게 풀어주는
밝은 날 무량한 바다처럼 평화로운 손

망망한 평야가 기르는
고요의 한 점을 가리키는 손
서늘한 미풍이 불고, 은은한 빛이
고요의 중심에서 뿜어져 나와
젊은 날 격정의 용광로에서
들끓던 외침들을 단호하게 떨쳐버리고는
아아, 조용한 속삭임처럼
멀어져 가며 말하는 아늑한 손.

가냘픈 펜촉

나설 자 없는 눈보라 속을
헤치고 나아가는
가냘픈 펜촉.

바람을 밀치며 벌판을 걸어가도
인간의 마음은
끝내 헤아릴 길이 없어

백지의 대륙에서
붉은 피는
어둠을 끌어당기며 안으로 얼어붙는다.

씌어지지 않은 백지 한 칸
두꺼운 대륙의 극점에
차갑게 검은 점 하나를 찍는다.

차가운 침묵

스스로 심해를 다스리는
거세고 깊은 물이
이렇게 조용할 것이다.
살아 움직이던 심장들도
어쩔 수 없는 힘에
일그러져 박동을 멈춘다.

솟아오르려는 지느러미들을
바닥으로 끌어당겨,
침묵의 손아귀에서 빠져나가려고
꿈틀거리는 심장을
끈적거리는 힘이 움켜쥐고 있다.

흘러넘치는 태고의
거대한 바윗덩이 산맥들도
단숨에 정지시킬
너, 차가운 침묵이여

억누를 수 없는

사랑의 전율로
한 치도 벗어날 수 없는 악력이
흔들리지 않는
너의 마음 가눌 길 없는 심해의 정적을
잠잠하게 다스리고 있다.

구름을 세상 밖으로

산을 뒤에 두고
강물을 바라본다.
산 그림자가 가만히
구름을 세상 밖으로 밀어낸다.

모래밭에서 주운
녹슨 동전을 닦아본다.
눈 감아도 물살에
등 대고 흘러가는 산 그림자
물살 속으로 들어간다.

꽃이 지고 새가 우는
산등성이.
이승과 저승이
겹쳐지는 산 그림자를 배경으로
누군가 눈웃음 머금었다가 지우고

돌출된 일몰이
멀어져 가는 지평선으로

낚시 등 구부리고
붉은 구름과 함께 걸어간다.

바퀴와 돌

큰 산 넘어 눈길 달려온
차 바퀴에
둥글지 않은 등을 보여주며
눈 비비고
돌아눕는다.

눈서리 뽀얗게 머금는
강가의 조약돌들.
차 바퀴 보내고
봄이 오는 길목에
흙 묻은 어깨를 낮춘다.

봄 바람이 환한 햇살 속으로

물오른 나뭇가지에서
푸른빛 조금씩 녹아나
흔들리는 기류를 어루만지는
나무 이파리 움 돋으려 살랑거리니
이마에 눈 덮인 산이
겨울의 남루 벗고 물안개 피어오르는
낮은 계곡을 바라본다

보이지 않는 누가 나뭇가지에게
말을 거는지, 나에게
말을 거는지, 귀가 간지럽다
개울물은 산봉우리에게 마지막 말을 웅얼거리는데
마른 버즘처럼 듬성듬성
녹아 흐르는 냇물 가에서
새들의 우는 소리가 귀머거리
햇빛 속으로 파고든다

겨우내 꼭꼭 숨어 있던 이를 찾으려고
눈을 감는다. 개울가 물 먹은

돌멩이 머리 위의 눈을 흘려보내는
바람 소리를 듣는다. 검은 댕기 도요새가
눈 녹은 물에서
버들피리를 낚아챈다.
환한 햇살이 손을 오무릴 때
도요새의 눈동자가 바라보는 개울물이
동그랗게 손등에 차다.

가을 숲에 퍼져 있는 자유로운 연기처럼

차디 찬 향기로움 감도는 가을 날
숲속으로 등 굽은
노인의 마른 기침 소리가 낮게 퍼져간다.

떨어지는 나뭇잎 위로
뻗쳐 있는 쓸쓸한 가지에
갈가마귀 한 마리 눈 뜨고 앉아 있다.

버섯 냄새 습습한 숲속의 낡은 집
조금 열려진 통나무 들창문으로
여윈 가슴이 흘낏 보인다.

작은 들꽃과 함께 숨쉬던 영혼은
마른 낙엽이 스스로를
대지에 돌려주는 가벼운 연기처럼 자유롭다.

눈 뜨는 봄날

잠들지 마라. 눈 감으면,
꽃 피는 봄날
밝은 햇빛 저쪽에서
어둡게 산새가 운다.

무너져 내린 성터에는
나비가 될 몇 마리
흙 묻은 벌레들이
부스러진 흙덩이에서 구물댄다.

찬 바닥에 누워
마른 흙 냄새 울컥 들이켜면
진한 향기 머금어
덩어리가 목구멍에서 끈적거린다.

잠들지 마라. 눈꺼풀 애무하면,
아스라이 얇은 피막 떨며
밝은 햇빛 저쪽에서
산새가 어둡게 운다.

3
캄캄한 대낮 등불을 들고

겨울 寒山詩

겨울 눈 깊어지면
얼음 속에 잡혀 있는 모래알처럼
눈과 더불어 편안한 山寺에 들어가
홀로 寒山詩를 읽으리라.

얼음 기둥 울퉁불퉁 뿌리 뻗은
氷壁 앞에서 충혈된 눈길 씻으며
폭포수 바위를 타고 가슴으로 흘러내리는
淸淨한 물소리를 들으리라.

정갈한 겨울 눈 발등에 덮고
찬바람으로 잔 가지를 키우는
丁丁한 나무들 사이에서
마음껏 소리 질러 가슴을 펴리라.
인적이 끊긴 눈 속에서

밤 늦도록 몰아치는 쓸쓸한 바람의
낯선 목소리를 등불 밑에서 찾으리라.
눈 그친 산과 들에 쏟아지는 무량한 햇빛을

잔잔히 흔들리는 갈대와 함께
눈이 시리도록 바라보리라.

아스팔트 길 비추는 휘황한 불빛 사이로
녹아서 물이 되는 함박눈을 밟으며
시멘트 벽 속의 철문을 열고 들어가는
오늘은 새우등 춥게 구부리고

내내 잠들지 못하리라.

개미들

날개 달린 빛
등 뒤에 밝아도
개구리들 땅 속에서 꿈쩍 않는데
바위 틈 사이로
개미들이 줄지어 기어간다.
글쎄, 그러니까 그들에게도
쌀랑한 바람을 아랑곳하지 않는
피가 있다는 게지.

손끝

넥타이를 맬 때마다
세월이 조여진다.
하나도 풀어주지 않으려고
다 묶어두어도 손끝에서
잡을 수 없는 세월이 빠져나간다.

나무 둥치를 칭칭 감싸
생목을 조르던
구렁이가 용이 되리라
구불구불 하늘로
기어 까마득하게 올라간다.

넝쿨장미는 해마다 시들고
날마다 늘어나는 목에다
묶이지 않는 세월을 조이던
손끝으로 나무 껍질 속의
나이테를 감는다.

먼지의 떨림

작은 점에 박힌
솜털이 움직인다.
점보다 작은 마음이
갈라지는 대지처럼 골 깊게 흔들린다.

끝내 터뜨리지 못한
분노가 아주 조그맣게 뭉쳐져
대륙 밑으로 가라앉는다. 그러나
팽만한 솟구침을
멈추지 못하고

땀에 젖어 비칠거리며 휘어져
가늘게 떨고 있는
솜털 끝의 먼지여.
지진계의 바늘침에 걸린 우리들의 삶이여.

자전거 길

바람에 쫓겨가듯이 서둘러
한번도 가보지 못한 길을 찾아나서려
여름내 자전거 페달을 밟았다.

땀 흐르는 다리를 내뻗으며
길을 가로막는 바람과 풀들을
밀치고 앞으로 나아갔다.

내 마음 속에 무성하게
고동치는 목소리를 벗어나고자
강가를 따라 페달을 밟았다.

목소리는 강물을 따라 거슬러오르고
눈길 스쳐가는 미루나무 숲에선
넘치는 슬픔이 파도처럼 일렁이고 있었다.

내가 페달을 멈춘 것은
추석날 텅 빈 운동장
한가운데였다.

아무도 나오지 않는
운동장에서 페달을 멈추고
흘러가는 구름을 바라보았다.

돌아오는 길 옆에서
갈 길을 열어줄 머리 센
가을 풀들이 이리저리 바람에 날리고 있었다.

나는 다시 페달을 밟았다.
텅 빈 운동장을 몇 번이나 돌고 난 다음에도
지구 밖으로 나가려는 듯이

페달을 밟아 둥근 바퀴를 굴렀다.
그러나, 앞으로 나아가면
소리치며 갈라서던 여름날의 자전거 길도

돌아서면 언제나 하나가 되지만
아무도 만날 수 없는 자전거 길,
둥근 운동장 한가운데서
끝내 벗어나지 못하는 목소리가 나를 불렀다.

오늘 또 오늘

울타리 안의 저, 낮은
속삭임 같은 발자국 소리는
왜 멀리 나아가지 못하는 걸까.
달빛 환하게 펼쳐진 들판의 풀들이
말없는 발걸음에 짓이겨지는데,
싱싱한 풀을 찾아 움직이는 둔중한
부딪침과 어우러지며 겹쳐지는 그림자들.

부뚜막에는 망둥이가 뛰고
산등성이의 그림자가 밀려 오고 밀려 나가고
왜 밖으로 나아가려는데
끝내 들판의 목장 안을 맴도는 것일까.
당당하게 차오른
젖가슴들이 풀밭 위를 설렁이는데
아, 하면 말을 머금고 사라지는

축축한 목소리가 산등성이에서 돌아나오고
이불을 끌어당기며 흘낏
지나치듯 듣는 발자국 소리들.

어둠의 시간이 훔쳐가는 그러나
끝내 시간 밖으로는 나아가지 못하고
고깃덩이를 떠받치고 있는 든든한 발자국 소리들.
잠긴 눈꺼풀 안으로
밀려드는 머나먼 소리들,
울타리 위로 튀어오른 망둥이들이
별빛을 바라보다 풀잎 스치는 바람 소리를 들을 때
잠들었는지 깨어 있는지 모를
구릉지의 울타리 밖에서 어둠이
살랑대는 풀 비린내를 불어 보낸다.

흔들리는 풀들을 다독이던
바람결 한 올이 가볍게
굴리고 가던 달을, 가로등 굽어보는 빌딩 위에
걸어두고, 첫 햇살을
손으로 잡으러 황량한 빌딩 사이로 사라진다.
냉장고에서 얼다가 만 눈을 껌벅이던
해물탕집 망둥이가
골목길 비집고 나가다 전신주 옆에서

오줌을 누며 뒤돌아보는 취객의
등을 친다. 돌아가는 길을 잊었던 그가
가죽 푸대 가득 담았던 음식물을 토하고 있을 때
푸른 풀밭에서는 둔중한 움직임이 멈추고
기나긴 골목을 빠져나가
바람을 잠재운 풀들이
이슬 방울을 떨어뜨리고,
밝아오는 아침을 향해 자신을 펼쳐놓는다.

세상 속에서

녹색의 융단잔디가 새파랗게 날 선
햇빛 속에서
신음하듯 비틀리며 시들어

경마장을 질주하는 말발굽들이
다지는 운동장에
앞뒤를 가릴 수 없는 먼지가 뽀얗다.

물 흙 갈라지는 저수지에선
부글거리는 수천의 검은 거품들을
송곳 햇빛이 쫓아가

남김없이 터뜨리고 늙은 물고기들은
햇살을 피하려
흙 바닥에서 하늘로 튀어올랐다.

힘차게 경마장 채찍을 내리쳤다.
붉은 갈기들을 치켜세운
박동하는 피의 샘이 용솟음쳐

거칠게 질주하던 말들이 결승점을 뛰어넘어
황금덩이가 뭉클거리는 저 너머
햇빛 파랗게 출렁이는 푸른 들판을 향해 치달렸다.

여우 웃음
俗離山에서 民泊

갑작스런 눈으로 길이 막혀
가실 수 있겠느냐고
곱상한 태가 남아 있는
국밥집 여주인이
흙을 털며 구두끈을 조이는 우리들의

등 너머에서 살짝 웃었다.

남편이 없다는 야릇한 웃음은
꼬리가 길어, 새벽부터
앞만 바라보고 걷는 우리들이
지루한 계곡을 지나 겨우
능선에 올라 뒤돌아볼 때까지

등 뒤를 쫓아왔다.

붉은 혀가 서산마루를 삼킬 때

억세지 못한 어금니를 깨물고
어려운 말을 하려다가
진득이며 마른 침을 삼킨다.

잔잔하게 미소지어
돌덩이를 녹이는
이 작은 고깃덩이가

밖으로 침을 튀기지 않고,
꼴깍 지는
해를 쫓아

높낮은 산마루를 굽이쳐 넘어가듯
첩첩한 산을
부드럽게 목구멍으로 끌어넣는다.

겨울 또는 봄

물 먹은 얼음 가장자리가
자잘하게 부스러지는
햇빛 부신 강을 건널 때,
여우 꼬리 짤름 짤름 흔들어
물방울을 튕기던

그 여자, 살얼음 머금은

눈가의 잔주름 떠오른다.
서늘한 웃음 소리
쟁쟁하던 겨울 강 가장자리가
짧은 눈웃음
시샘하며 부스러진다.

천둥 소리
B에게

검은 구름떼 하늘을 뒤덮고,
폭풍 전 척후병 같은 산들바람이
바삐 움직이던 개미떼들을 정지시킨다.

가득 찬 고요 속에서
숨소리 죽여 산을 마주하고 앉아
일상의 말은 끊는다.

참을 수 없어 달아오른 여름 저녁의
산맥을 가르는 검푸른 천둥 소리가
붉은 하늘 저쪽에서 어둠을 끌어온다.

멍멍한 귀 속 멀리
솟구치던 모래 기둥 쏟아져 내리며
큰 산 아래를 흔들 때마다

어둠의 입이 열려지는 어스름 저녁
검붉은 용암을 물감으로 녹이던
사람들이 산 속으로 사라진다.

풀 뿌리 숨찬 바람에 휩쓸려도
검은 구름떼 산처럼 삼키고, 말없는
그대에게 불덩이를 토하라고

천둥 소리 이글거리는 눈길 곱게 하고
산 이슬 젖은 거미줄에 휘감겨
움직이지 못하는 말의 혀뿌리를 흔든다.

뒤돌아 볼 수 없는 스크린 앞에서

컴퓨터 스크린 앞에서
뒤돌아 볼 수 없는
사람의 그림자 드리운 뒷모습.

한밤의 어둠을 두 개의
터널이 가로지르고
휑한 눈의 망막에

쏟아지는 빛의 알맹이들이
빛 속에 감춘 정전기가
채우지 못할 허기로 번뜩인다.

부수수한 머리칼 뒤로 넘기는
창백한 얼굴의
비듬 껍질들은 누구의 것일까.

비늘 돋은 고슴도치 혀가
서치 라이트처럼
침 마른 입 안을 뒤지는 새벽녘

종잇장 같은 이불을 덮으면
스크린에서 깜박이던 커서들이
갈 길을 잃고,

바이러스에 오염된 어둠 속에서는
먹이를 찾는 바퀴들이
스크린 위를 고속도로처럼 질주한다.

여름 바위산에서

H에게

타오르는 태양을 향해
팽팽하게 당겨진 푸른 불꽃들을 쏘아 보내는
무성한 나무들이 깊게 뿌리박은 대지 아래
지글거리는 용암이 코끝을 찌르는
투명한 연기를 조금씩
가늘게 피워올릴 뿐이다.
정상을 향한 방황은
언제나 홀로의 것, 눈과 비와
눈물의 나날이 증발하여
하얀 얼굴의 이마가 되고
닳은 것 모두 불덩이로 타올라
아무것도 걸칠 수 없는 바위산이다.
오직 사랑하는 여자의
차고 정결한 가슴 앞에선
끝내 터뜨리지 못한 고백처럼 얼어붙는다.

산은 높고 계곡은 깊어
뚫린 길을 가리켜 주는
그대의 침묵으로

정상을 향하던 발길이 돌이킬 수 있는 것은
바람의 그림자, 솟아오르는 불길의 흔들림마저
더 앞으로 나아가지 못하고
숨을 멈추게 하는 담담한 바위산이다.
지구의 박동 소리가
여린 심장을 지닌
이 정적의 손 안에
하나의 점으로 모여들어 정지한다.

소멸은 생성을 머금는 어둠의 씨앗,
눈썹을 움찔거리며 산 높은 곳에서
대지의 저편을 보았는가
대양의 푸른 물은 흰 거품을 출렁이는데
알 수 없구나, 어찌하여 가슴 깊은 곳에는
무너지는 또 하나의 대륙을 감추고 있는 것일까.
달구어진 바윗덩이가 차갑다.
종이 위에 옮겨 적을 수 없는
푸른 불꽃의 말들이 잔잔한 바람을 일으킨다.

재갈 물린 쇳덩이여 날아가라.
찌를 듯 솟아오를 뿐 침묵하는 여름 산맥을
떨치고 일어나라.
눈 감고 서 있는 바윗덩이여!
속박된 운명이여!
그러나, 너는 천년의 약속처럼
말이 없구나.
사랑하지 않는 것은
아무것도 만질 수 없어 오로지
흔들리지 않는 꽃처럼
대지에 뿌리박고
작게 피어난 정적 속에
생의 향기로움을 담아서 노래하는
커다란 산 그림자가 그대의 손에서 일렁인다.

달리는 바퀴들이 날아가는 공이 될 때

저항하는 공기들을 거세게 밀어제끼며
지상을 달리는 바퀴들이
속도 안으로 끌려 들어가면,
직진하던 차들이 일그러진
타원이 된다.
사랑하는 이들이 외치는 목소리도
하나의 타원이 되어 날아간다.

솟구쳐 떠올라 날아가는 타원은
삶에서 죽음으로 넘어가는 점이 되어
사라진다. 소멸로 완성되는 절대의 순간은
태고로 돌아가 다른 하나의
새로운 세계를 창조한다. 달리는 바퀴들이,
솟구치는 날개들이

막다른 벽에 부딪쳐
속도 밖으로 퉁겨져 나오면
볼록거울 색깔진 세상 둥글게 일그러뜨린다.
검은 글러브 안으로 빛을 뿌리며 나아가던 공이

야간 경기장 밖의 어둠 속으로 날아간다.
붉고 푸른 반사광들이 원을 그리고
환호하던 관중들이 휘두르는 방망이에
터져나간 야구공의 실밥이 빛을 뿜어낸다.

속도 안으로 질주하고 싶은 바퀴들이
난폭하게 속도 밖을 질주한다.
사랑의 기쁨이 들소처럼 달리는
머나먼 공간의 고속도로에
저항하는 공기들을 끌어안은 타원들이 꼬리를
달고
우주 저편의 새롭게
팽창하는 블랙 홀을 향해 날아간다.

오늘밤 별자리 저편에서

오늘밤은 세계의 산맥들을
울타리로 하고, 푸른
바다 한가운데서 수영을 해볼까.

아니면, 지구를
공기돌처럼 하늘로 던져 올려
태양계를 휩쓸어볼까.

상상의 밀가루를 이스트로
반죽해, 잠들려는 숨소리의 세포를 부풀리고
얇은 망막 위를 풀밭처럼 거닐어본다.

발효하는 곰팡이 균들의 따스함이
때 긴 발가락 사이로 스륵스륵 밀리는 밤하늘
풀잎 소리를 들으며, 유성들 사이를 건너다닌다.

부드러운 꿈 속의 별자리 총총
생방송 우주 저편에서 날아오는 신호가
컴퓨터 스크린에 잡히는 오늘밤은

빛나며 사라지는 발신음들을
광막한 은하계 어느 별에선가 안테나를 세우고
있는
그 누구에게 되돌려주어야 할까.

오늘밤은 세계의 산맥들을
울타리로 하고, 푸른
하늘 한가운데서 수영을 해볼까.

비디오 스크린

빗소리를 들으며 드러누워 있으면 머리통 속이 비어 무덤과 같은 공허를 느낀다. 무덤 속의 어둠이 손끝에 콜타르처럼 만져질 때는 언제나 밤비는 망각의 시간을 감싸는 얇은 막을 두드리며 떨어지고 곰팡이는 둥근 무덤 밖으로 자란다…….

뿔뿔이 흩어지는 길거리의 취한 목소리들과 음악처럼 부드러운 숨소리들이 어둠과 함께 뒤섞인다. 두부모 같은 머리통이 부딪칠 때마다 하얀 무기질이 뭉클거리는 형형한 어둠의 빈터에서 땀으로 번들거리는 인간들이 부풀린 밀가루를 찍어내는 제빵기처럼 소모될 인간들을 숨가쁘게 만들고 있다…….

낡은 기계가 덜덜거리다 정지한다. 부풀린 육신을 차가운 맨바닥에 눕히면, 나날의 삶을 지치도록 퍼담아 터져나갈 쓰레기 머리통에 누구도 틈입할 수 없는 공허가 남는다. 밤거리에 명멸하는 수많은 네온의 불빛들, 채울 수 없는 욕망의 거품들이 아파트의 창문에서 엿보던 귀신처럼 어둠 속으로 사라진다…….

비디오 스크린의 불빛이 시커먼 어둠에 젖어 원색의 물감처럼 뭉개지는 밤에 빈 술통이 쿵쾅거리며 어두운 시간의 계단 아래로 굴러 떨어지는 소리를 듣는다…….

비어 있는 어둠은 깊다. 빗방울 소리가 커진다.

눈 감고 드러누워 있으면 헝클어진 쓰레기 머리통 속의 공터엔 하얀 무기질의 어둠을 빨아먹는 곰팡이 버섯들이 머나먼 우주의 신호를 수신하는 안테나처럼 점액질의 푸른 인광을 깜박거리며 살아난다.

불가사리의 입

사랑하는 동안에도 그는
아무 말도 하지 못했다.

헤어지는 그 날에도
아무 말도 하지 못했다.

격변하는 역사의 소용돌이 속에서도
이름 없는 그는
아무 말도 하지 못했다.

일생 동안
한번도 편한 날이 없던

그의 죽음에 대해서도, 또한
누구도 말하지 않았다.

자신의 일에서 빠져나오지 못해
미처 말할 시간을 가져보지 못한 그가

온갖 어려움을 참아가며
땀으로 만든 재화와 명예는

말 많은 사람들이
다 차지하고 말았다.

일하지 않고, 떠들던 사람들의
다물지 못하는 입은 크기도 하다.

국민과 국가를 위해서는 언제나
자신을 돌보지 않는다는 그들의

불가사리 입은 어제도
오늘도 한결같이 이름없고

고통받는 사람,
모두를 사랑한다.

화두
에머슨과 소로우의 대화

자네는 안에서 왜 그러구 있나

당신은 밖에서 뭘 하구 계시우

들에 핀 노란 민들레꽃 하나가

끝내

밖에 있다는 것일까.

캄캄한 대낮 등불을 들고

1

너러 바위 속으로 색색이
꽃잎이 지고 있다.

천년 그 자리에
검푸르게 멍든 이끼 자국.

꽃잎 따라가던 바람이
깨어진 돌 모서리에
더 이상 나아가지 못하고 남아 있다.

2

누가 등불을 들고
캄캄한 대낮 찾아온다.

화염병과 최루탄으로

아스팔트가 검붉게 물든다.
지척을 가릴 수 없는

황사의 대륙을 정복하려는 듯
몽고반점의 젊은이들이
안개 덮인 대낮에 한덩이로 뒤엉킨다.

3

하늘의 눈길이 머물러
환한 빛이 어둠의 경계선을 허무는
바위 가에 꽃잎이 지고 있다.

검붉은 이승의 외침들이
벌떼처럼 날아와
날 선 돌 모서리를 뒤덮는다.

살아 있는 것들 모두가

손가락 발가락 꿈틀거리며
서로가 붕붕거린다.

캄캄한 대낮 누군가
등불을 들고
어두운 세상의 빛을 밝히러 온다.

세기말과 쓰레기

세기말적 혼돈의 와중에 있는 지금 포스트 모던 시대의 쓰레기들을, 그리고 리얼리즘 시대의 경직된 논리를 어떻게 극복할 것인가. 소모되는 시의 쓰레기더미가 높다. 이것이냐 저것이냐, 방황이 클수록 혼돈이 크다.

머지않아 시를 아무도 읽지 않는 시대가 오리라는 예감이 든다. 그때 가서야 남의 시를 건성으로 읽던 시인들이 진정으로 시를 읽게 될 것이다. 스스로의 쓰레기더미에 짓눌린 시가 새롭게 생성되지 않는다면 정말 우리에게 죽음의 시대가 올 것이다.

산속으로 들어간 초월주의자들 또한 끝내 자연으로 돌아가지 못한다. 인적이 닿지 않는 깊고 깊은 산중에서도 독침 같은 안테나를 발견한다. 자극적인 영상들의 노리개가 된 우리들의 자화상은 산을 일그러뜨린다.

사랑이 없고 행위만 있다. 행위가 곧 사랑이다. 일
회용 반창고를 떼어버린다. 아이스크림을 먹고 있는
젊은 여자들을 본다. 우람한 체격의 젊은이들의 순백
한 얼굴에서 정신의 결핍을 느끼게 하는 이상한 평화
를 발견한다.

안락감은 삶을 풍요롭게 한다. 그리고 삶의 감각을
마비시킨다. 소모적인 말놀이에 빠지면 스스로 허망
해진다. 겨울 산에 올라가 가슴 속에 고인 가래를 토
해낸다. 어디를 둘러보아도 오염되지 않은 것이 하나
도 없다.

까닭없는 적대감은 가속화될수록 강화된다. 이유없
이 너그러워져야 할 때 허망하다. 고속도로를 질주하
는 사람은 느리고 완만한 시골길에서 불편함과 짜증
을 느낀다. 모두가 막힌 도로 앞에 서 있다. 증오심
은 가중될수록 쾌감의 무게가 실린다. 고속도로를 질
주하는 차들은 모두가 터지기 직전의 폭탄이다.

문제점만을 지적하는 것도 하나의 해결 방식이다.
그러나 거기에는 또 다른 권위주의적인 자기 만족이
도사리고 있다. 와전된 禪家의 몽둥이는 아둔하게 허공
을 칠 뿐이다. 권위주의는 언제나 권위에 민감하다.

시의 무력감을 절실하게 느낄 때 진정한 시가 무엇
인가를 모색하게 된다. 오늘날 시인들은 매우 지쳐
있고 시를 빌어 말하고자 하는 것은 너무나 강력하
다. 강자는 약자를 이기지 못한다. 반복되어 소모된
감정일수록 꽹과리 소리가 요란하다.

떠오르지 않는 말

사람들은 할 말이 많다고들 하지만 나는 자꾸 할 말이 없어진다.

시를 쓰게 되는 이유도 거기에 있지 않은가 싶다.

가을의 문턱에 들어서며, 서울 근교의 산을 자주 오른다. 무섭게 변하는 도회지를 굽어보며, 기암괴석의 산들 또한 그런 변화와 무관하지 않음을 느끼는 경우가 많다.

그러나, 자연의 順理를 접할 때 악착스러운 市井의 삶을 되돌아보게도 된다.

혼자서 문득 산이 그리워질 때마다 가벼운 차림으로 산에 오른다. 逍遙自然은 아니다. 가벼운 산보라고나 해야 할 것이다. 나뭇잎, 흘러가는 계곡을 아무 생각 없이 바라본다.

때로는 저물어가는 산등성이에서 저녁 종 소리를 듣는다. 어느 절에서 울리는 종 소리일까. 분명히 알

수 없지만, 때로는 종을 치는 이는 누구이며, 그것을
듣는 이는 누구인가 의문을 가져보기도 한다.

　구름이 나의 동반자이다. 구름을 따라서, 이른 새
벽에 내린 빗방울의 흔적을 찾아보기도 한다.
　깨끗이 잘 닦인 바위를 보며, 보이지 않는 이의 손
길을 느끼기도 한다.
　인간들이 딛고 살아야 하는 땅바닥을 쓸어주는 이
는 누구일까. 진정한 삶의 동반자는 누구일까.
　아무것도 손끝에 잡히지 않는다.
　맑은 계곡물이 포말을 머금고 낮게 흘러간다.
　말이 떠오르지 않는다.
　마음 속에 가진 게 없다.
　할 말이 없어진다.
　그러나, 거품처럼 버글거리던 잡념이 사라진다.
　산에서 내려온다.
　겨울이 한 겹 한 겹 발끝에 다가온다.

희망에 대한 반성

습작으로 씌어진 시보다 씌어지지 않은 시 때문에 고민한다. 언제나 더 잘 쓸 수 있을 것이라고 생각하던 시절 간직하고 있었던 희망에 대한 쓸쓸한 반성. 씌어진 시보다 결코 더 잘 쓸 수 없다. 그러나 씌어지지 않은 시가 더욱 나를 괴롭힌다.

백지 앞에서 느끼는 광막함이란 얼마나 우리에게 굶주림 같은 희망을 일깨우는 것인가.

연말이 되면, 사람들은 마치 모든 일을 오늘 끝내야 한다는 듯 분주하다. 해 넘어가기 전에 미진한 일을 마무리하겠다는 성급함이 우리를 초조하게 한다.

모든 초조감을 던져버리고 산 속으로 들어간다. 그리고, 숄로호프의 『고요한 돈 강』을 읽는다. 도도한 강과 넓은 들에 자라나는 풀과 노동의 땀 짙게 밴 인간들의 삶이 유장한 세월의 흐름 속에 전개된다. 망년회로 분주한 나날들이 『고요한 돈 강』을 흘러가는

물 속에 투영된다. 인간의 삶이란 카자흐족들이 베어
놓은 들판의 건초더미와 같은 것이 아닐까. 시간의
흐름이 세차게 느껴질수록 일상으로부터 일탈을 갖고
싶다.

정신주의란 말을 수상한 눈길로 바라보는 시각이
많았다. 어느 시인은 제정신주의라고 말하지 않았던
가. 그렇다. 20세기와 21세기의 와중에서 우리들은
과연 얼마나 제 스스로의 정신을 각성시켜 살고 있을
까. 시대의 변화가 가속화될수록 세속주의의 범람이
유행처럼 번진다. 절제 없는 세속주의나, 세속 없는
정신주의는 모두 불행하다. 가짜 정신주의의 발호도
두렵다. 그러나, 오늘날 우리는 너무 깊게 세속주의
에 탐닉해 있는 것은 아닐까. 스크린의 화려함과 꿀
의 달콤함을 누가 모를까. 가상현실 속에서는 현실이
가짜와 같다.

요새도 시를 쓰느냐고 묻는 사람들이 있다. 때로는
연민의 표현으로, 때로는 야유의 표현으로.
한 번도 자신있게 시를 쓴다고 말한 적이 없다. 씌
어지지 않는 진정한 시, 또는 살지 못하고 있는 어떤
시가 강박감으로 다가오기 때문이다.
지난 10여 년간 쌓아놓았던 습작노트를 들춰보았
다. 며칠째 살펴보아도 건질 것이 없다. 이 파지더

미! 망연자실할 뿐이다. 연민과 야유가 결합될 때 열
정이 솟구친다. 그러나 열정이 지나치게 강할 때 다
가오는 것은 참담한 패배감이다.

명상과 정화

유종호

1

어느 작가에게 왜 시를 쓰지 않느냐고 물었더니 〈내 자신에 관해 얘기하기가 싫기 때문〉이라고 대답했다고 한다. 우리 사이에서도 많이 읽히고 있는 체코 출신의 작가 쿤데라가 동포 작가에 관해서 전하는 삽화이다. 여기서 말하는 시는 말할 것도 없이 서정시이다. 서정시는 흔히 인지되듯이 자아 계시적 주관성의 표현을 주종으로 하는 장르이다. 따라서 세계의 객관적 파악을 겨냥하는 서사시 혹은 소설과 영역을 달리 한다. 이러한 역할 분담은 고전주의가 상정했던 것이고 실제로 개개 문학작품이 일목요연하게 구분되는 것은 아니다. 전통적 장르 파괴야말로 현대문학의 특징이 되어 있기조차 하다. 그럼에도 서정시가 자아 계시적 주관성의 표현을 대종으로 하고 있는 것은 사실이고 그러한 한에서 서정시인은 자기 자신에 관해서 말하지 않을 수 없게 된다.

서정시의 서정적 자아는 그렇지만 다양한 모습을 띠고
있다. 그것은 땀 흘리는 일상적 자아일 수도 있고 변조되
고 극화된 개인사를 토로하는 역사적 자아일 수도 있다.
흑종의 교조적 관점에서 겨레의 미래를 노래하는 거짓 예
언자적 자아일 수도 있고 땀을 말리는 사이 세계를 관조하
는 사색적 자아일 수도 있다.

『아침책상』 등 초기 시집에서 보여주는 최동호의 서정적
자아는 이마에 흐르는 땀방울을 말리는 사이 조용히 세상
을 바라보며 명상하는 관조적 자아이다. 따라서 그의 시세
계는 대체로 격해지는 법 없이 고요하고 아늑하다. 우리가
민주화 열기의 해로 기억하고 있는 1987년을 다루고 있는
인상적인 소품에서도 그 사정을 엿볼 수 있다.

　　목을 조인다
　　살아 있으라고.

　　목을 풀어 놓는다
　　죽어 있으라고.

──「땀방울·1」 전문

격동과 위기의 순간을 다루면서 화자는 격앙하거나 절규
하지 않는다. 정치현실을 바라보며 사설 없이 간곡한 반어
적 요약을 성취한다. 이러한 성향은 세계를 빈 자리로 파
악하고 있는 일련의 시편에서 아주 두드러진다.

　　그대 다녀간 빈 자리에
　　붉은 꽃이 피고
　　새가 울더라

그대 다녀간 빈 자리에
바람이 불고
쓸쓸히 꽃이 지더라.

그대 다녀간 빈 자리에
안개비 내리고
슬픈 새가 울더라.

그대 다녀간 빈 자리엔
말없이 흐르던
강물도 물길을 돌리더라.
──「빈 자리」 전문

적료감과 靜謐感의 공존이 우리의 눈길을 끈다. 비어 있음의 공허감이 새 소리와 바람 소리를 소리나지 않게 하고 있다. 관조적 자아는 세계와 사회의 소동과 소음을 소멸시킨다. 그 소멸의 한복판에 말할 수 없이 고요한 공간이 흡사 空洞처럼 생겨나는 것이다.

어디에 있는지
길 떠난 少年은 끝내
어머니의 목소리 듣지 못하네.

철새가 몰고오는 찬 바람
빈 마당을 쓸고가도
돌아오는 발자욱 소리는 들리지 않네.
──「길 떠난 少年」에서

괜찮은 윗길의 시편에서 서정적 화자는 누추한 일상에서 관조와 고요의 세계로 길 떠난 소년의 모습을 하고 있다. 그는 〈가을 속으로 걸어가는 그림자〉이기도 하고 〈아무것도 나를 잡아주지 않는다〉라고 호소하며 추락하는 영혼이기도 하다. 그러나 무엇보다도 〈지워도 지워도 지워지지 않는 마음은 울고 있구나〉라고 토로하고 있는 〈말이 없는 사람〉이다. 초기 시편의 적료감과 정밀감의 내력을 우리는 대체로 이상과 같이 요약할 수 있을 것이다.

2

최근 시편을 수록한 이번 시집에서 최동호의 시는 훨씬 호흡이 길어지고 이에 따라 서술과 진술도 길어지고 있다. 시적 자아는 여전히 관조적이고 명상적인 자아이다. 「어린 솔나무에게」는 바위 틈에 날아와 어린 뿌리를 내리게 하는 솔씨에 관한 명상을 담고 있다. 그것은 바위와의 대조 속에서 파악된 소나무의 일생에 관한 것이다. 자연 일반에 대해 열려 있는 마음이 소나무라는 구체를 구심점으로 해서 이것 저것 명상하는 것이다. 어린 소나무를 매개로 한 자신과의 대화이다. 「새벽빛」은 달밤과 새벽을 소재로 한 명상이요, 풍경에 의탁해서 토로한 마음의 상태이다. 동양 시에서 관조와 명상의 주종으로 작동하는 자연, 그 가운데서도 산이 최근 시편에서는 특히 선호되는 시적 장치요 무대가 되어 있다. 〈산골로 가는 것은 세상한테 지는 것이 아니다 / 세상 같은 건 더러워 버리는 것이다〉라고 시인 白石은 한 아름다운 시편에서 말하고 있다. 은둔자의 심경이 잘 나타나 있지만 오늘날 세속 도시의 주민이 이러한 마음

가짐으로 산속에서 은자적 자족을 도모할 수는 없다. 세속 도시와의 절연이 불가능하다는 것을 최동호는 허물어진 암자에 의탁해서 이렇게 적는다.

　　보라 해도 보지 못하고
　　들으라 해도 듣지 못하여

　　동쪽으로만 가는 자는
　　서쪽 길을 잃으리니

　　세속을 버린다고, 정녕
　　그대는 가야 할 길도 잊었구나
　　　　　　　　　　　　——「세속의 길」에서

　시인이 희구하는 것은 세속 도시의 주민으로 머물러 있으면서 초월의 정념을 통해 시대의 타락과 喧噪를 극복하는 것이다. 그때 그가 의존하는 것이 禪 내지는 이와 연관된 것임은 〈달마는 왜 동쪽으로 왔는가〉라는 부제에도 시사되어 있지만 구체적 시행이 분명하게 예시해 주고 있는 것으로 보인다.

　　붉은 살덩어리
　　어린애가 막 울고 있는데
　　달마는 왜 동쪽으로 오는가

　　구름은 산 아래를 굽어보고
　　빗방울 길을 따라 바다로 흘러가니
　　오고 갈 것이 본래 없는데

어린애는 왜 목이 붓도록 울고
눈썹 짙은 달마는
왜 먼길을 찾아 왔는가

──「새벽빛」에서

〈달마는 왜 동쪽으로 왔는가〉 하고 시인은 적어놓고 있다. 중국에 처음으로 선을 전했다는 달마대사는 우리 모두가 알고 있듯이 서쪽 인도에서 도래한 것으로 전해진다. 당나라의 고승에 石頭 和尙이란 이가 있었다. 커다란 마당 바위 위에 암자를 짓고 살았대서 얻은 이름이다. 그를 흠모하여 찾아가 제자가 된 振朗禪師가 처음 물었다. 「달마대사는 무엇하러 역부러 서쪽에서 오신겁니까」 그러자 석두 화상은 대답하였다. 「한데 기둥에 물어보게」 무슨 소리인지 모르겠다는 진랑의 말에 석두는 대답하였다. 「난 더 모르겠다」 禪宗 쪽에서 전설이자 신화가 되다시피한 선문답의 절창이다. 언어에 의한 진리 전수가 불가능하다고 생각하며 知性에 대한 숭상이 없는 선종에서는 제자를 궁지에 몰아 넣음으로써 스스로 깨닫게 하는 자기 발견적 교육법을 실천한다. 따라서 〈달마는 왜 동쪽으로 왔는가〉란 물음은 단답형 정답을 가지고 있지 않다. 그리하여 이러한 물음을 부제로 가지고 있는 시편이 겨누고 있는 것은 선 이상의 지상적 세속적 추구라고 할 수 있다. 따라서 앞의 「새벽빛」이 〈너 가는 곳이 어디냐/뜰 앞에 잣나무/제자리를 지키리라〉란 대목을 보여줄 때 그것이 〈오고 갈 것이 본래 없는데〉라는 선행 구절과 대응한다는 사실을 확인하는 것으로 족할 것이다.

선이 지향하는 것은 두말할 것 없이 정신의 구제이다. 정신분석과 선의 공통점에 주목한 에리히 프롬은 양자가

124

기본적으로 윤리적 지향을 공유하고 있다고 지적한다. 선의 목적 성취를 위한 조건은 탐욕의 극복이다. 선이나 정신분석이나 일차적으로 윤리적 체계인 것은 아니다. 그렇지만 선 및 정신분석은 윤리적 변모, 탐욕의 극복, 사랑과 동정의 능력 없이 각각의 목표를 달성할 수 없다는 공동의 가정을 가지고 있다고 그는 강조한다. 그러한 맥락에서 선은 대상에 들어가 이를테면 안으로부터 대상을 보는 것이 그 특징적 접근법이라는 설명을 원용하기도 한다. 이렇게 禪的인 맥락에다 놓고 볼 때 시인이 시집에서 겨냥하고 있는 것은 대상에의 몰입을 통한 대상 觀想과 이를 통한 윤리적 자기 정화라 할 수 있다.

> 한낮의 태양이 머물다 간 바위에 기대어
> 더 높은 곳을 향해 눈을 들었다.
> 그리고, 나는 소리쳐 보았다. 진정
> 지고한 영혼이여, 그대는 지금 어디에 있는가.
>
> ──「여름 道峰에서」에서

이러한 윤리적 자기 정화는 정신의 평정과 고요에 이르는 길이다. 그것은 쉽지 않고 지속성의 유지가 극히 어려운 길이다. 세속 도시의 주민으로서 그것은 험난한 구도자의 길이기도 하다. 〈어둡고 차가운 길에서 山頂을 우러러보며/ 나는 지상의 길을 찾아 힘차게 살고 싶었다〉는 결의는 세속 도시인의 구도적 난경을 새삼 되새기게 한다.

선종 쪽에서는 석가모니가 새벽녘에 샛별 솟는 것을 목도하고 홀연 悟道했다고 말한다. 경전 공부나 엄격한 계율 준수보다도 순간적인 직관을 통한 깨달음을 설파하는 입장에서 빚어진 아름다운 삽화이다. 인간 지성의 역할은 축소

되고 全人的 통찰 경험을 중요시하는 것이다. 이러한 통찰 경험은 시간에서 짧고 영향에서 전인적이며 결과에서 항구적이다. 따라서 통찰 경험은 짤막한 시행에서 번갯불처럼 번쩍하는 순간을 갖는다.

어디로부터 오는 이

無量한 부드러움의 손바닥인가

물오른 나뭇가지에서

피어나려는 나뭇잎들이

물 먹어 반짝이는 훈훈한 바람에

작은 가슴을 벌리고 있다.
——「봄바람」 전문

이것이 깨달음의 사례라는 뜻이 아니다. 깨달음의 통찰 경험은 아마도 이러한 고요의 시간에 찾아오리라는 인지 충격의 예감 시행이라 할 수 있다. 또 그것은 심산 유곡이나 명산 대찰에서 얻어지는 것도 아니다. 일상의 순간에서 얻을 수 있는 것이다.

이파리 위를 살랑거리던 바람과
먹구름 뒤의 천둥 소리와
산자락을 스쳐간 빗방울이
혀끝에 쌉쌀하다.　　　　——「녹차를 마시며」에서

　차 한 잔을 마시며 그 생성 과정과 자연의 인과를 명상
하는 것은 인지의 충격을 기다리고 있는 것이기도 하다.
순식간의 통찰과 오도를 강조하는 선에 기대일 때 시도 짤
막하고 경제적인 시행에서 활기와 銳氣를 얻는 것이 아닌가
생각된다. 긴박한 호흡과 많은 것을 내장한 간결성 속에서
비로소 시가 생기를 얻는 것이다.

　　드문드문 빗방울에
　　지워지다 흐리게 남아 있는
　　산새들의 야윈 발자국

　　올올한
　　바위 틈에 찾아올 길 없는
　　집 한 채 지어놓고

　　때때로
　　이끼 낀 물 소리 베개하고
　　바람소리 적적한
　　귀를 씻는다.
——「여름 寒山詩」에서

이러한 隱者적 자각이 순간과 어울릴 때 복된 순간이 온다.

　　잠들지 마라. 눈 감으면,
　　꽃 피는 봄날
　　밝은 햇빛 저쪽에서
　　어둡게 산새가 운다.
——「눈 뜨는 봄날」에서

자네는 안에서 왜 그러구 있나

당신은 밖에서 뭘 하구 계시우

들에 핀 노란 민들레꽃 하나가

끝내

밖에 있다는 것일까.
──「화두」 전문

에드가 앨런 포는 長詩란 말은 모순어법에 지나지 않으며 긴 시편은 존재하지 않는다고 말하였다. 이 말은 슬픔이나 동경과 같은 감정 표현에 집착했던 서정시인들 자신에게는 부분적으로 해당되는 말이다. 서사 충동과 무연한 시인들이 토로한 말이라는 점에서 서사적 충동이 소설 장르로 표출된 시대에 당연히 나옴직한 말이기도 하다. 그런데 이 말은 순간적인 통찰 경험을 중요시하는 禪과의 친근성을 보여주는 시편의 경우에도 해당되는 말이 아닐까 한다. 에드가 앨런 포의 모국어에서는 短詩라 하더라도 우리 근대시의 표준형보다는 사뭇 길다. 이번 시집에서 대체로 긴 시편들이 시적 긴장의 해이를 수반하고 있는 듯이 보이는 것은 시인이 지향하는 선 경지 자체의 성질에서 오는 것이 아닌가 여겨진다. 그 점 호흡 조절은 최동호 작품이 당면하고 있는 과제라고 생각된다.

3

〈습작으로 씌어진 시보다 씌어지지 않은 시 때문에 고민한다. 언제나 더 잘 쓸 수 있을 것이라고 생각하던 시절 간직하고 있었던 희망에 대한 씁쓸한 반성. 씌어진 시보다 결코 더 잘 쓸 수 없다〉라고 시인은 시작 노트에서 밝히고 있다. 眼高手卑의 탄식은 제작에 임하는 모든 예술가들이 엷든 진하든 통감하는 사항이다. 그런데 이러한 탄식은 작품 읽기가 직업화되어 있는 문학 연구자나 비평가에게 더욱 절실한 것이 아닌가 생각된다. 시인 작가가 작품 읽기를 게을리한다는 것은 결코 아니다. 그렇지만 검토와 분석의 대상으로 읽는 것과 소재 찾기의 일환 혹은 경험의 비교를 위해서 읽는 것 사이에 차이가 있다고 할 수 있다. 또 스스로에게 취향 정지를 부과하며 두루 읽는 것과 취향에 따라 부담 없이 읽는 것 사이에도 차이가 있게 마련이다.

〈생산적인 성격은 일년에 셰익스피어를 한 편 이상 읽지 말아야 한다. 그렇지 않으면 완전히 망가지고 만다〉라고 괴테는 말한 바 있다. 너무 압도되어 감히 쓸 엄두를 내지 못한다는 함의의 말이다. 시인 오든은 젊은 시절 토마스 하디의 영향 아래 있었는데 그것은 다행스러운 일이었다고 술회한 바 있다. 하디 시의 기술적 취약성을 극복할 기회를 가졌기 때문인데 보다 완벽한 시인의 영향 아래 있었다면 시인으로서 자신을 찾지 못했을 것이라는 것이다. 앞서 최동호가 안고수비의 괴로움을 실토하고 있는 것은 그가 전문적인 시 연구자라는 사실과 연관되는 일면도 있으리라 생각된다. 세상의 모든 일이 그렇듯이 시적 모험도 얼마쯤의 맹신과 순결한 나르시시즘이 필요한 것일 터이다.

한편 선이 중요시하는 순간적 통찰 경험도 그 표현이 기술의 매개를 배제한다는 특성을 가지고 있으며 이것은 오랜 기술적 연마를 전제로 하는 시와 일정한 거리를 갖게 하는 것이 아닌가 한다. 따라서 선 경지가 지복의 순간을 갖는 것은 고작 한 줄이나 두 줄의 시행에서가 아닌가 생각된다. 시인은 이렇게 양쪽에서 협공을 받고 있는 양상을 보여주고 있다.

앞서 거론한 체코의 작가를 다시 상기해 본다면 그는 〈권력에 대한 인간의 싸움은 망각에 대한 기억의 싸움〉이라는 뜻깊은 말을 하고 있다. 권력은 억압의 기억을 지워버리려 하기 때문에 압제와 포학을 망각하지 말아야 한다는 함의가 있기도 하다. 조금 맥락을 달리 해서 우리는 모든 예술이 망각에 대한 기억의 투쟁이라고 말할 수 있다. 우리가 겪은 모든 삶 체험은 조만간에 잊혀지게 마련이다. 망각 없이 기억의 重荷 밑에서 우리는 살 수가 없다. 그렇지만 도저히 잊어서는 안 되는 경험과 그 경험의 순간을 예술작품은 기억 속에 비끄러매어 두려고 한다. 그리고 훌륭한 문학작품이란 모두 이 망각 거부의 노력이 성취한 승리의 기록이기도 하다.

최동호의 시편은 세속 도시 주민의 부서지고 마모되는 일상 순간을 초월의 정념으로 비끄러매어 恒常의 순간으로 돌리려는 노력의 소산이다. 짤막한 시행에서 그 노력은 범상 속의 섬광으로 비친다. 그러나 그 지속은 순간적이다. 앞으로의 그의 과제는 이 순간과 항상 사이의 낙차를 어떻게 조정하느냐 하는 것이라고 요약할 수 있다. 그것은 일변 모순의 통일을 위한 노력이기도 하다. 산정을 오르는 시편이 많이 있는데 선경지를 위해서도 많은 고개를 넘어가야 하리라고 생각된다. 명상과 정화의 길이 새삼스러운 것은 아니다. 동양의 지적 전통에서 그것은 비중있는 자리

를 차지하고 있다. 명상과 관조의 길이 사회적 무위를 낳
고 그것은 퇴영적인 태도가 아니겠느냐는 자의식이 오랫동
안 젊은 동양인들을 괴롭혀 왔다. 그 반동으로 과도한 행
동주의가 숭상되는 일도 있었다. 그렇지만 우리에게 요구
되는 것은 어느 한편의 배타적 선택이 아니다. 좋든 궂든
우리는 명상과 행동의 교차 속에서 삶을 보내고 있다. 이
때 명상은 보다 지혜로운 행동과 삶의 준비가 되어야 하고
삶과 행동은 명상과 내성의 신중한 결과여야 할 것이다.
명상과 관조는 혼잡한 시대의 정신 위생법으로서도 의미가
있지만 따지고 보면 시는 정신건강을 위한 치유제 구실을
해왔다. 최동호의 시적 과제가 보다 균형잡힌 형태로 귀결
되기를 바라 마지 않는다. (이화여대 교수·문학평론가)

딱따구리는 어디에 숨어 있는가

1판 1쇄 펴냄 1995년 9월 10일
1판 2쇄 펴냄 2005년 10월 15일

지은이 최동호
편집인 박상순
발행인 박맹호, 박근섭
펴낸곳 ㈜민음사

출판등록 1966. 5. 19. 제16-490호
서울시 강남구 신사동 506번지 강남출판문화센터 5층 (우)135-887
대표전화 515-2000 / 팩시밀리 515-2007
www.minumsa.com

값 7,000원

ⓒ 최동호, 2005. Printed in Seoul, Korea

ISBN 89-374-0591-1 03810